THE WORLD OF BOOKS

Inspirational and Motivational Poems

By Emmanuel Osondu

Translated by Walid Boureghda

CONTENTS

THE WORLD OF BOOKS
Motivational and Inspirational poetry

INTRODUCTION

"The World of Books" is a great title for this project. We live in an age of e-Books, instant knowledge and information at the click of a mouse. However, this does not mean traditional paper books will go out of style anytime soon. A great book will always stand the test of time and this is what the writer affirms in these simple poems.

Great books inspire people to do great things, but most writers seem to focus on inspiring adults. In this book, the writer's objective is to guide, inspire and motivate relatively young people using the timeless idiom of the poem. This will inspire school age children to reach for the stars from an early age.

The poems in this small but powerful book cover a diversity of themes. There are poems promoting discipline and a strong work ethic. There are poems on peaceful co-existence and there are poems on using your opportunities in life to excel. Some of these poems are didactic. Others are informative and enlightening while others are spiced with humor and wit. Read this book and it will transport you to a world of magic. I have read a preview of this book and I can see the author has done an excellent job. A friend of mine who happens to be a bilingual writer (French and English), claims the translator has done an excellent job too. All told both writers (Osondu and Boureghda), gave the project their best. This work is highly recommended to all lovers of good books.

Eluwa Ken Iyke
Lincoln-UK.

Le Monde des Livres

Le monde des livres
Est excitant et c'est facétieux
Des nations se lèvent et s'effondrent
Des saisons apparaissent et disparaissent
Mais le livre reste pertinent
Telle une tourte à la viande de Mr. Bigg's.
Le monde grisant des livres
Nous invite aujourd'hui, toi et moi,
Et si vous ne lisez pas
Alors vous êtes mi-vivant.
Certes, si vous ne lisez pas,
Vous êtes seulement mi-vivant.

The World of Books

The world of books
Is exciting and it's fun.
Nations rise and fall
Seasons come and go
But a book remains fresh
Like a pie at **Mr. Biggs,**
The exciting world of books
Invites you and I today
And if you don't read
Then you're only half alive.
Yes, if you don't read
You're only half alive!

Le Rêve

Un rêve de votre vie
De ce que vous voulez être
N'est pas juste un rêve à renaître.
C'est un plan aussi,
Et un schéma de votre chemin
Vers vos objectifs de demain.
Il y a du pouvoir dans vos songes.
Donc, rêvez loin du mensonge
Et ayez la foi ! Cela vous arrange.
D'un rêve à un plan vers vos ambitions,
Rêver d'un succès est votre munition.

Dream

A dream of your life
Of what you want to be
Is not just a dream.
It is a plan as well
And your road map
To your goals.
There is power in your dreams
So don't fear to dream
But dare to have faith.
From dream to a plan
And a plan to your goals:
The dreams you have
Will take you to the top.

Le Domicile

Le domicile est un pays
Où il y a des grands palmiers,
Des terres cultivées
Et un bon aliment d'appétit.
Le domicile est un pays
Des fêtes traditionnelles,
Des liens ancestraux
Et des hommes braves et costaux.
Le domicile est un abri
De la ville peuplée,
Un endroit pour se reposer
Et pour se revigorer.
Native ou immigrant,
Adopté ou parenté,
Le domicile est où on doit
Appeler réellement chez-soi.

Home

Home is the land
Of tall palm trees
Green farmlands
And fresh good food.
Home is the land
Of traditional feasts
Ancestral ties and
Strong, brave men.
Home is a refuge
From the crowded town
A place to rest
And get refreshed.
Native or settler,
Adopted or ancestral,
Home is where
You feel at home.

L'Expression

Exprimez au Seigneur
Votre peur et votre respect
Exprimez à vos parents
L'honneur et l'amour
Exprimez à vos enseignants
La prévenance et l'obéissance
Exprimez à vos amis
La compréhension et l'affection
Exprimez à votre travail
La diligence et l'habileté
Certes, vivez tel un home
A l'image de Dieu
Et exprimez à votre vie
La beauté qu'elle mérite.

Give

Give to the Lord
Your fear and respect.
Give to your parents
Honor and love.
Give to your teachers
Attention and obedience.
Give to your friends
Understanding and affection.
Give to your work
Diligence and skill.
Yes, live like a man
In the image of God
And give to your life
The beauty it deserves.

Un Enfant Sur une Balancoire

En haut et en bas,
Sur la balançoire qui siffle,
Ses mains touchent le ciel.
Son chapeau tombe.
Il crie avec joie,
Heureux d'être libre.
En haut et en bas,
Sur la balançoire qui siffle,
Un enfant innocent
En paix avec le monde.

Child on a Swing

Up and down,
He swishes on the swing.
His hands touch the sky
His hat falls off
He screams with glee
Happy to be free.
Up and down,
He swishes on the swing.
Innocent child
At peace with the world.

Lisez

Lisez les livres scolaires.
Et lisez les magazines.
Lisez les journaux.
Lisez les livres de conte aussi.
Lisez pour le savoir
Et lisez aussi pour s'amuser.
Toujours lisez,
Et apprenez encore plus.

Read

Read school books
And read Magazines.
Read Newspapers
And story books too.
Read for knowledge
And read for fun.
Always read,
And learn some more.

Votre Attitude

Votre attitude à la vie
Décide de votre destin.

N'évitez surtout pas
De faire votre turbin.

Ne le remettez pas à plus tard,
Rattrapez toujours son retard.

Faite votre devoir
Selon votre pouvoir.

Faites des efforts
Travaillez comme un esclave
Et à travers le temps
Vous vivrez tel le roi Gustave.

Attitude

Your attitude to life
Decides your fate.

Don't shy away
From doing your work.

Don't procrastinate
Don't postpone.

Do what you should
As much as you can.

Push yourself,
Work like a slave
And later in life
You will live like a king.

Une Idee Élementaire

Une idée élémentaire
Est la toute première étape

Notez-le bien
Travaillez là-dessus
Puis regardez le croître
Telle une plante
Dans une ferme agricole.

En sciences ou en art,
Pour inventer ou modifier,
Une idée élémentaire
Est la toute première étape

A Basic Idea

A basic idea
Is the very first step.

Write it down,
Work on it
Then watch it grow
Like a plant in a farm.

In science or the arts
To invent or modify
A basic idea
Is the very first step.

Le Premier de la Classe

Après trois mois
A travailler à l'éducation

Le find du trimestre
Est imminente

Le jour des vacances,
Quand on aura les résultats,
Le premier de la classe
Est là où vous devez être.

Ne vous contentez pas de peu,
Mais visez le sommet plutôt.

Le premier de la classe
Est ce que vous devez être.

First Position

After three months
Of academic work

The term is just
About to end.

On vacation day,
When results are out
The top of the class
Is where you should be.

Don't settle for less
But aim for the top

The very first position
Is what you should take.

Différentes Couleurs

De différentes couleurs,
De toutes races et tribus,
Nous devons tous apprendre
A vivre en paix,
Les Noirs et les Blancs,
Côte à côte,
Arabes et Juifs,
La main dans la main :
Dieu nous somme
De tous vivre en paix.

Different Colours

Different colours,
Races and tribes.
We should learn
To live in peace.
Black and white,
Side by side.
Arab and Jew,
Hand in hand:
God wants us
To live in peace.

L'Enseignement d'un Enfant

Enfant brillant,
Laisse-moi te dire ceci :
C'est sympa de t'enseigner.
Ça en vaut la peine!
Je guide ton esprit
Vers le chemin de la lumière.
Je vois mes efforts
Qui portent leurs fruits.
Je gagne ton respect
Et ton amour aussi.
Enfant brillant,
Ecoute ça également :
Le sourire sur ton visage
Illumine toujours ma journée.

Teacher to Child

Brilliant child,
Let me tell you this:
Teaching you is fun,
The rewards are great.
I guide your mind
To the path of light...
I see my efforts
Bearing fruit.
I earn your respect
And love as well.
Brilliant child,
Hear this as well:
The smile on your face
Just makes my day!

Il Faut Croire!

Il faut croire que tu peux,
Et sois sûr que tu en es capable.
Il ne faut pas en avoir peur,
Et sois toujours imbattable.
Il faut croire en Dieu,
Et toujours fais-toi confiance !
Il faut avoir un objectif,
Et lance-toi en ton âme et conscience !
Il faut travailler acharnement,
Et ne cesse de prier également!
Il faut croire que tu peux,
Et sois sûr que tu l'auras finalement.

Believe!!!

Believe that you can
And sure you will.
Have no fear
Don't hesitate.
Believe in God
And trust yourself.
Have a goal
And go for it.
Work very hard
And pray as well.
Believe that you can
And sure you will!!!

Les heures s'enchaînent

Et les jours s'emballent,
Ainsi le temps s'envole
Tel un oiseau vélivole
Ne joue pas ailleurs,
Et ne perds pas ton temps !
Le temps est une vivante valeur
Que tu dois savoir pourtant.
Il faut avoir un plan,
Et prévoir un travail autan.
Vas-y! Prends ton élan!
Le temps ne va pas t'attendre !
Nous ne pouvons pas non plus le suspendre !

Time

Hour by hour,
Day by day,
Time flies away
Like a bird with wings.
Don't play away
Or waste your time.
Time is life
You have to know.
Make your plan,
Plan your work,
And work your plan.
Time won't wait
For you or I.

L'Education est la Clé

Invite le roi
Chez toi
Et il viendra
Avise le président
Et il écoutera.
Parle ainsi au Pape,
Et au grand Ayatollah,
En deuxième étape,
Les deux vont te répondre. Alléluia !
Tu sais pourquoi?
Parce que tu es éduqué et courtois!

Education is the Key

Invite the king
To your house
He will come.
Advise the President
He will listen to you.
Speak to the Pope
And the Grand Ayatollah
Both men will lend you their ears.
Why?
Because you are
Educated!!!

Passez à l'Action

La vie est un voyage,
Et nous sommes des voyageurs
En pleine excursion.
Alors ne vous reposez pas,
Ne gaspillez pas
Vos talents et vos dons.
Ne vous excusez pas
Et ne vous plaignez pas.
Faîtes votre choix !
Passez à l'action !

Move

Life is a journey
And we are travelers
Making the trip
So do not rest
And do not waste
Your talents and skills
Don't make excuses
Don't complain
Make up your mind
And make your move!

Le Travail

L'enseignant dans la classe
Enseigne nos enfants.
Le fermier dans la ferme
Fait croître notre nourriture.
Le médecin ainsi que l'infirmière
Nous gardent en vie
Maître ou apprenti
Vocation ou profession

Faîtes votre travail
Et ne plaignez pas.

Work

The teacher in the class,
Trains our kids.
The farmer in the farm,
Grows our food.
The doctor and the nurse,
Keep us alive
Master or apprentice
Vocation or profession;

Do your work
And don't complain.

Les Livres que vous Lisez

Les livres que vous lisez
Peuvent changer le cours de votre vie
Apprenez dès le berceau
La beauté des livres
Et nourrissez votre esprit
En lisant tous les livres.
Un livre entier
Est un régime de sagesse,
Il vous rend l'esprit
Aussi riche qu'une couronne.
Lisez pour grandir
Et grandissez pour lire.
Les livres que vous lisez
Changeront le cours de votre vie.

The Books You Read

The books you read
Can change your life
Learn from the cradle
The beauty of books
And nourish your mind
On the treasure of books
A wholesome book
Is a wisdom diet
That makes your mind
As rich as a crown
Read to grow
And grow to read
The books you read
Will change your life!

Etape par Etape

Le chemin droit et étroit
Est celui où vous devez suivre.
Ne jamais coupez les encoignures,
Et n'essayez surtout pas de tricher.
Rien ne peut être à vous
Si vous n'avez pas payé le prix.
Apprenez à travailler amplement
Et faites toujours de votre mieux.
Petit à petit,
Avec de la patience et de la compétence,
Les efforts que vous montrez
Vous mèneront au sommet de la réussite.

Step by Step

The straight and narrow path
Is where you ought to walk.
Never cut corners
And don't try to cheat.
Nothing can be yours
Unless you've paid the price.
Learn to work hard
And always do your best.
Step by step
With patience and skill,
The efforts that you make
Will take you to the top.

La Grève

Les rues sont vides,
Et les magasins sont fermés
Les étudiants ont rejoint leurs domiciles ;
Leurs écoles ont été fermées.
Le Syndicat dit:
Le gouvernement a tort.
Donc, mettez-vous en grève
Jusqu'à ce que tout s'arrange.

Strike

The roads are empty
And shops are closed
Students are home,
Their schools have been shut.
The Labour Union says
The government is wrong
So, workers go on strike
Until the right thing is done.

L'Intégrité

Un leader dans la création
Est ce que vous êtes
Donc, ne mentez pas
Et ne ne dites davantage
Dîtes ce que vous pensez
Et pensez ce que vous dîtes
Marchez sur le chemin
De la justice et de la vérité
Dans tout ce que vous faites,
Dîtes ou pensez,
L'intégrité et la vérité
Doivent être votre guide.

Integrity

A leader in the making
Is what you are
So do not lie
And don't double speak
Say what you mean
And mean what you say
Walk on the path
Of justice and truth
In all that you do
Say or think
Integrity and truth
Should be your guide.

Charité

La vie est éphémère
Et on se souvient
Que de nos actions.
N'allez pas ailleurs
En serrant vos poignées !
Donnez votre meilleur,
Donnez votre amitié
Ainsi que votre amour.
Ne soyez pas égoïste
Ne soyez pas pernicieux
Ne soyez pas rancunier
Ne soyez pas malicieux.
Et si vous voulez un exemple
Ceci pourrait vous suffire:
La pluie des cieux est gratuite
Pour le pécheur et pour le confesseur.
Oui, la pluie des cieux est gratuite.
Pour le pécheur et pour le confesseur.

Charity

Life is short
And you're remembered
For your deeds.
Don't go around
Clenching your fist
Give for free
Your friendship
And your love.
Don't be selfish
Don't be mean
Don't bear a grudge
Don't take revenge.
And if you need a model
This will suffice:
God's rain is free
For both sinner and saint.
Yes, God's rain is free
For the sinner and the saint.

La Vie est un Voyage

Si vous avez toujours senti
Que la vie n'est qu'une brise
Il est donc temps
De changer d'avis.
La vie n'est qu'un voyage
Pour ceux qui sont braves.
Nul ne peut être le votre
Sauf si vous avez payé le prix
Évitez d'avoir des frénésies,
Mais apprenez les règles.
Évitez tout genre de raccourcis,
Travaillez votre star du siècle.
La vie est simplement un challenge,
Elle n'est pas un cake du week-end.

Life is a Journey

If you've always felt
That life is a breeze
Now is the time
To change your mind.
Life is a journey
For those who are brave
Nothing can be yours
Unless you've paid the price.
Have no illusions
But learn the rules
Avoid short cuts
And work to the top.
Life is a challenge;
Not a piece of cake.

Double Opulence

Vos épargnes bancaires
Peuvent être perdues en fraude
Vos biens domestiques
Peuvent être volés par un voleur.
Mais le savoir intellectuel
Et votre réputation actuelle
Sont votre double opulence.

Double Wealth

Your cash in the bank
May be lost to a fraud.
The property in your house
Can be stolen by a thief.
But the knowledge in your head,
The reputation you have built;
This, in truth, is double wealth.

Le Bon Soldat

Il porte des bottes noires
Ainsi qu'une arme.
La bataille est imminente
De l'aube à la nuit tombante.

Habillé en treillis,
Avec un casque sur la tête,
Le soldat brave et fort
Est vraiment une vedette.

Discipliné et solide,
Le feu jaillit de ses yeux,
Le soldat est un homme
Qui mérite un respect vétilleux.
Il est prêt à mourir
Pour sauver sa terre,
Avec un grand sourire.

The Good Soldier

He wears black boots
And carries a gun:
Battle ready
From dawn till dusk.

Dressed in fatigues,
A helmet on his head,
The brave strong, soldier
Is a sight to behold.

Disciplined and tough
With fire in his eyes,
The soldier is a man
We must respect:
He is ready to die
To save his land!

A la Tombée de la Nuit

Le soleil se cache
Derrière les collines

Les fermiers
Sont de retour de leurs fermes.

Ne pas siffler !
Les esprits peuvent entendre.
Ne pas appeler
Le serpent par son nom

Juste prenez votre dîner
Et allez vous coucher.

Nightfall

The sun is hiding
Behind the hills.

Farmers are home
Back from their farms.

Do not whistle
Ghosts will hear
Do not call
The snake by name.

Just eat your dinner
And go to bed.

A L'enseignant

On vous a confié
Un enfant dans votre classe.
Donnez-lui du temps,
De la discipline et de l'amour.
Enseignez-le bien.
Traitez-le avec soin.
Et regardez-le épanouir
Telle une fleur ensoleillée.

To the Teacher

The Child in your class
Is entrusted to you.
Give him your time,
Discipline and love.
Teach him well,
Treat him well
And watch him bloom
Like a flower in the sun!!!

La Guerre

Lors d'une guerre
L'éclat des artilleries
Ainsi que les cris des hommes
Est tout ce qu'on entend retentir
Des soldats meurent,
Des mères pleurent
Et les enfants meurent de faim.
Lors d'une guerre,
Dites non à la guerre !
Et priez pour la paix.
La guerre est un mal.
On doit résister.

War

In a land at war
The sound of guns
And the cries of men
Is what we hear.
Soldiers die
Mothers weep
And children starve
In a land at war.
Say no to war
And pray for peace
War is an evil
We must resist.

Les Gémeaux

Neuf mois sont écoulés,
Ainsi sont l'espoir et l'inquiétude.
Aujourd'hui est le jour
Où on souhaiterait la bienvenue
À l'enfant.
Son cri est assourdissant
Or un autre nouveau cri
Annonçant au monde entier
La naissance des gémeaux
Deux petits mômes
Des gémeaux identiques
En parfaite état
Comme des pois dans une gousse.
Parfois les cadeaux du Dieu
Peuvent venir en paires.

Twins

After nine months
Of hope and suspense
Today is the day
To welcome the child
A loud infant's cry
And yet another cry
Announcing to the world
The birth of twins.
Two tiny tots
Identical twins
Perfectly formed
Like peas in a pod
God's gift sometimes
May come in pairs.

Chef-D'œuvre

Chaque enfant sur terre,
Voyez-vous, est un chef-d'œuvre.
Il a été créé par le divin
Pour une raison dans la vie.
Ce n'est pas pour rien !
Alors entendez ces mots,

Et vivez votre vie
Juste comme il faut.
Ne flânez pas
Dans l'océan de la vie.
Mais plutôt montrez le maximum
De vos talents et vos compétences
Juste vivez votre vie à son optimum !
Tel un chef-d'œuvre que vous êtes.

Masterpiece

Every child on earth
Is a masterpiece you see
Created by God
For a purpose in life.
So hear these words
And live your life right!

Do not drift
In the sea of life
But do make the most of
Your talents and skills
Just live your life
Like the masterpiece you are!!!